AF224357

KERGALL

LE SCRUTIN

du 4 Octobre 1885

PRIX : 10 CENTIMES

PARIS

SOCIÉTÉ ANONYME DE PUBLICATIONS PÉRIODIQUES

13, QUAI VOLTAIRE, 13

SEPTEMBRE 1885

KERGALL

LE SCRUTIN

du 4 Octobre 1885

PARIS

SOCIÉTÉ ANONYME DE PUBLICATIONS PÉRIODIQUES

13, QUAI VOLTAIRE, 13

—

SEPTEMBRE 1885

LE SCRUTIN

Du 4 Octobre 1885

Les Elections du 4 octobre seront encore républicaines. Elles pourront renforcer plus ou moins l'opposition de droite ; mais la majorité restera acquise à la République. L'inconnue est de savoir dans quelle proportion l'élément gauche opportuniste et l'élément gauche radicale se partageront cette majorité. Cette inconnue est grosse de conséquences au point de vue de la stabilité gouvernementale, on peut même dire de la possibilité d'un gouvernement, mais il est trop tôt pour aborder utilement cette question.

Ce résultat des Elections voudra-t-il dire que le pays a gardé pour la République et les républicains la même ardeur confiante qu'au moment du 16 mai, ou même à celui des élections d'où la Chambre défunte est sortie ? Il est probable que les journaux républicains l'affirmeront ; la vérité est que, d'une manière à peu près générale, la ferveur a tiédi et que l'enthousiasme a souvent cédé le pas au découragement; la vérité est que la République a perdu du prestige chez ceux-là même qui vont encore voter pour elle, et que plus d'un de ceux-là ira au scrutin en se disant : Cela ne va pas comme je voudrais ; mais peut-être l'expérience n'a-t-elle pas été suffisante ; peut-être est-ce le scrutin d'arrondissement qui est le coupable ; avant de jeter le manche après la cognée, essayons du scrutin de liste.

Pour savoir si l'électeur est bien dans ces dispositions, il n'est pas nécessaire de le lui avoir entendu dire ; il suffit de prêter l'oreille au langage de ceux qui s'adressent à lui. Il est clair, en effet, que tout donneur de sérénade cherche à s'inspirer de l'état d'esprit de l'objet de cette sérénade, et, la part faite à l'imperfection du discernement humain, il faut bien admettre que ses cantilènes frappent plus ou moins près de l'endroit sensible et en indiquent ainsi la place. A plus forte raison cette place est-elle mieux indiquée encore quand il y a rivalité et sérénades contradictoires. Si les rivaux, chacun avec le ton et la voix qui lui sont propres, s'accordent à viser le même point, il n'y a plus d'équivoque possible sur les préoccupations, les besoins et les désirs du cœur qu'il s'agit de séduire.

Les autres fois les arguments électoraux étaient plutôt empruntés au domaine politique ; cette fois ils apparticnnent exclusivement au domaine économique. Les gens au pouvoir promettaient jadis des réformes politiques aux électeurs ; ils leur promettent aujourd'hui des réformes économiques. Ils leur parlaient de leurs rancunes et de leurs passions ; ils leur parlent désormais de leurs intérêts. C'est sur le terrain des affaires que se sont cantonnées l'attaque et la défense. C'est le budget, ce sont les tableaux du commerce qui sont devenus le manuel du parfait candidat. Les autres questions, la question religieuse, par exemple, autrefois la « platform » du parti aujourd'hui au pouvoir, on n'en parle plus que pour les écarter, et si l'on n'ose pas encore les rayer du programme, on les ajourne.

Qu'est-ce que cela veut dire, si ce n'est que le pays est saturé de politique, qu'il en a assez des mots et des formules, qu'il demande des réalités à ceux qui le mènent et que ceux-ci ont fait enfin cette découverte : que l'homme vit aussi de pain ! Qu'est-ce que cela veut dire, si ce n'est que le pays trouve que ses mandataires se sont trop occupés de leurs petites querelles et de leurs petites affaires et pas assez des siennes, si ce n'est qu'il trouve qu'il est temps de passer des promesses aux réalités ! Cela, on pouvait le pressentir il y a quelque temps déjà ; aujourd'hui, il n'y a plus place pour un doute, puisque cette vérité a pénétré dans la région où elle arrive la dernière, c'est-à-dire dans l'esprit des hommes au pouvoir.

Le pays est mécontent, voilà le fait qui ressort avec toute la clarté de l'évidence de la cacophonie électorale, et il est mécontent parce que ses affaires, ses affaires matérielles, ne marchent pas comme il le voudrait.

Est-il fondé à se plaindre? Cela n'est pas douteux un instant. Est-il fondé à s'en prendre au parti auquel il s'est confié, à la forme de gouvernement sous laquelle il a cru trouver non seulement un abri, mais encore la prospérité matérielle? Deux questions, la seconde surtout, sur lesquelles la controverse peut se donner carrière sans avoir chance encore de rencontrer une solution qui s'impose à tout le monde, ou, tout au moins, à la majorité. Mais il est un fait sur lequel il y a, dès à présent, accord, que reconnaissent, explicitement ou implicitement, les membres et les défenseurs du régime actuel, auquel ne contredisait point M. le président du Conseil lui-même quand il plaidait tout récemment les circonstances atténuantes pour la politique économique de ses amis et coreligionnaires. Ce fait, c'est la médiocrité, c'est l'insuffisance de ceux qui, pendant ces dernières années, ont personnellement ou collectivement détenu le pouvoir. C'est surtout l'incapacité de la Chambre qui vient de disparaître.

Les adversaires politiques ont dit au

pays que c'est de parti pris, pour satisfaire
des rancunes, des appétits personnels
ou bien des passions de parti, que cette
Chambre a « gâché » les affaires du pays.
Il y a là dedans une part de vérité, mais
aussi une part d'erreur. C'est peut-être
même cette dernière qui l'emporte. Si
l'on prenait la peine de dresser le ta-
bleau des lois mauvaises que la Chambre
a votées et des actes funestes qu'elle a
inspirés ou provoqués — et la liste serait longue — on trouverait que ce qui
procède de la passion ne l'emporte point
sur ce qui procède de l'incompétence,
ou, pour employer les mots propres, de
l'étroitesse d'esprit et de l'ignorance. Et
si l'on se plaçait au point de vue du résultat, on constaterait que les mesures
qui ont fait le plus de mal au pays sont
peut-être celles qui ont pris naissance
dans de bonnes intentions malheureuse-
ment servies par une connaissance insuf-
fisante du sujet. Non, les membres de
l'ancienne Chambre n'ont point été les
esprits pervers que l'on nous représente.
Toutes les fois que ne s'en mêlaient pas
la passion politique et l'intérêt électoral,
ils se sont laissés aller à leur bonne volonté naturelle, ils ont sincèrement, nous
le croyons, cherché le vrai et le bien.
Qui de nous n'a pas coudoyé un grand
nombre de ces députés et n'a pas trouvé
en eux des hommes de mœurs simples,
d'habitudes régulières, tenant d'abord à
leur place, mais ne demandant pas mieux

ensuite que de rendre tous les services
possibles à leurs électeurs directs d'abord,
puis au pays?

Mais la plus belle bonne volonté du
monde ne peut être efficace que si elle
est doublée du discernement. Et quel
discernement attendre de gens qui ne
savent rien? Et comment s'étonner,
dès lors, que la Chambre abandonne un
jour l'Egypte et se précipite le lendemain
au Tonkin, vote sérieusement et compen-
dieusement une loi, et, le dernier jour,
se laisse arracher un amendement qui
met à néant tous les articles précédents?
Cette absence d'esprit de suite est la
meilleure preuve de l'innocence des intentions de la Chambre défunte. La première condition pour avoir de mauvaises
intentions, c'est d'avoir des intentions,
une volonté. Mais, pour vouloir, il faut
savoir, et les tâtonnements, les contra-
dictions de la Chambre jusqu'à son dernier jour ont montré qu'il ne se trouvait
pas en elle même cette moyenne élémen-
taire d'instruction qui permet d'appren-
dre par la pratique. Le jour de sa mort,
son « métier » lui était tout aussi in-
connu que le jour de sa naissance, et si
nos embarras de tout genre ne provien-
nent pas de cette cause unique, personne
ne conteste que ce n'en soit la cause
principale.

Mauvaise sur le terrain de la politique
intérieure, funeste sur celui de la politique extérieure, l'ignorance est surtout

déplorable quand il s'agit de questions d'affaires. En politique, on peut encore improviser, quand l'intelligence s'y prête, puis les conséquences, moins immédiates, sont aussi moins tangibles pour la masse. En matière d'intérêts, où le contre-coup d'une maladresse va atteindre l'ouvrier à son travail, le paysan à sa charrue, il faut une instruction et une éducation préalables que rien ne remplace, pas même le génie, qui serait plutôt nuisible dans ce domaine de l'expérience et du savoir. Nous n'avons pas besoin d'ajouter que ce n'est pas le génie qui a fait faire des sottises à la Chambre. Le pays, du reste, n'a peut-être pas encore cherché le pourquoi de ces sottises : il en a souffert, il en souffre, et il voudrait que l'on y portât remède. Sa volonté sur ce point est si manifeste que, on l'a vu, ceux qui sollicitent ses suffrages ne lui parlent pas d'autre chose, ne lui promettent pas autre chose.

Tous ceux qui promettent sont également sincères, nous n'en voulons pas douter. Mais tous ceux qui promettent sont-ils en situation de tenir? Un premier point ne paraît pas douteux, c'est que la plupart des survivants de l'ancienne Chambre doivent être considérés comme ayant fait leurs preuves et que s'il est encore vrai que chacun doit être jugé suivant ses œuvres, ceux-là ont dix fois plutôt qu'une mérité d'être condamnés. Au siècle dernier, l'exclusion de l'électorat des membres de la Constituante

priva l'Assemblée législative de beaucoup
de membres expérimentés et utiles ; l'exclusion des survivants de la Chambre défunte débarrasserait le pays d'un nombre
plus grand de médiocrités nuisibles. Au
pays de prononcer cette exclusion que
les intéressés n'ont pas prononcée eux-
mêmes.

Ce qui est non moins contestable, c'est
que si la Chambre qui va naître est
composée de gens aussi instruits que sa
devancière, le pays n'a à attendre d'elle
que l'aggravation des maux dont il se
plaint. L'étiquette politique n'y fera rien.
Les plus purs des républicains, s'ils ne
savent pas leur « métier » de législa-
teurs, ne feront que du mal au pays
et à la République elle-même ; les députés royalistes, s'ils sont inintelligents
ou ignorants, feront assurément tout
aussi mal les affaires du pays ; il est
vrai que, si cela est une compensation,
ils ne feraient aucun mal à la République
qui ne s'est fondée et qui ne vit que par
les fautes de ses ennemis. Ce qu'il faut,
avant toute chose, ce sont des hommes
ayant non seulement le désir mais aussi
le pouvoir de servir leur pays, ayant fait
leurs preuves autrement que comme ora-
teurs de réunions publiques ou comme
meneurs de chef-lieu de canton. Sans
cela, et quelle que soit la couleur de la
Chambre qui vient, les choses iront de mal
en pis, sans profit pour personne, mais
surtout au détriment de la République,

On a dit, et non sans quelque raison, que la question de la forme du gouvernement ne se pose pas le 4 octobre. Cela est vrai, dans ce sens que personne ne la pose, si ce n'est les politiciens de profession qui n'ont pas d'autre corde à leur arc. Du moins il semble que chez ceux qu'on appelle les conservateurs le péril commun fait taire presque partout les préférences politiques, et, pour eux, la question se pose entre le gouvernement des gens capables. et le gouvernement des gens incapables. Mais quoi qu'on dise et quoi qu'on fasse, s'il n'est pas vrai que les élections du 4 octobre seront décisives pour la République, le sort de celle-ci n'en est pas moins intimement lié avec le résultat de celles-là.

Nous nous expliquons.

Nous n'avons pas voulu poser la question de savoir à quelle cause il faut attribuer la faiblesse de la dernière Chambre au double point de vue de l'intelligence et du savoir. Nous ne nous sommes pas demandé l'explication de ce phénomène : un pays se donnant une représentation sensiblement inférieure à la moyenne de l'intelligence et du savoir publics ; à tel point que — c'est un des membres les plus marquants de la Chambre qui nous le disait — les conversations et les discussions de la buvette de la Chambre auraient pu sans trop de désavantage supporter la comparaison avec les propos après boire d'un bon café de chef-lieu d'arrondissement : à ce point encore —

ceci est l'opinion du membre le plus considérable d'une des dernières commissions du budget — que sur la trentaine de membres composant cette commission d'élite on pouvait bien en compter jusqu'à cinq y comprenant quelque chose. Nous n'avons pas cherché ici la raison de cette progression décroissante partie de l'Assemblée nationale de 1871 pour descendre à un degré que, seul peut-être, le Conseil municipal de Paris a pu dépasser, et qui, si elle devait continuer, nous donnerait une Chambre n'ayant plus rien à envier à celui-ci. Cela veut-il dire que nous traversons une de ces phases douloureuses de notre histoire pendant laquelle il n'y a plus d'hommes de valeur et où il semble que le vieux tronc français n'a plus de sève que pour des rejetons sans vigueur? Ou bien la terre française est-elle toujours féconde et ce « rapetissement » général n'est-il le résultat que du système politique? Ne serait-ce point l'association du suffrage universel et de la République qui produit naturellement ces enfants de plus en plus petits, de plus en plus avortons?

Cette question, nous ne l'avons pas posée, parce que la masse ne se la pose pas encore, croyons-nous. Mais croit-on que, sans même descendre plus bas, si la prochaine Chambre ne devait être qu'une réédition de celle qui vient de disparaître, cette question ne se poserait pas d'elle-même devant le pays? S'imagine-t-on que personne en France n'a remarqué que l'élément le plus puissant et, partant, le plus nuisible du Parlement, les politiciens de profession, sans passé, sans traditions, capables d'émarger un traitement de député mais point de gagner douze cents francs l'an, même dans une administration publique, fruits secs de toutes les professions, inaptes à tout, sauf à courtiser l'électeur ignorant, s'imagine-t-on que personne en France n'a constaté que l'espèce « politicien » n'a franchi l'Atlantique que depuis l'avénement de la République et peut en être considérée sans trop d'invraisemblance comme un produit naturel et spontané ?

Cette question, nous le répétons, le pays, semble-t-il, ne se la pose pas encore d'une façon utile. Non pas qu'il ne l'entrevoie souvent, mais elle lui est importune. Il a une telle répugnance pour les révolutions — et nous n'avons jamais eu de changement de gouvernement qu'à ce prix — qu'il ne s'y résoudra que lorsqu'il ne pourra plus supporter le gouvernement qu'il a. La coupe n'est pas encore pleine, assurément, mais qui peut répondre que l'avénement d'une seconde Chambre du même modèle ne la ferait pas déborder ? République ou monarchie, le suffrage universel se soucie peu de l'étiquette. Ce qu'il lui faut, c'est un gouvernement sous lequel il puisse vivre et travailler en paix, un gouvernement dont les sottises ne viennent pas stériliser les efforts présents ou entamer les fruits des efforts passés. Tant qu'il pourra espérer que la République peut lui donner ce gouvernement, il la maintiendra : le jour où il ne le croira plus, celle-ci n'y survivra pas.

L'intérêt de la République elle-même veut donc qu'il sorte du scrutin une Chambre plus intelligente et surtout plus instruite que la précédente. Que le pays fasse ou non les réflexions qui viennent d'être indiquées, ou qu'il subisse simplement l'influence du fait matériel, il n'est pas admissible qu'il souffre indéfiniment des maîtres ne sachant que nuire à ses intérêts. Il a fait crédit à la Chambre issue du 16 Mai, parce que le mandat de cette assemblée était surtout politique : défendre la République. Puis il a compté sur la « Chambre Réformatrice, » comme la saluait Gambetta, et sur le Grand Ministère. Le Grand Ministère a singulièrement moins ressemblé à un cabinet qu'à une antichambre, suivant le mot de Rochefort, et il a été, du reste, vite culbuté par une Chambre pour laquelle il était encore trop éminent. Son chef, un homme incomplet, mais un homme au demeurant, — un géant dans cette cohue de nains — est mort en laissant un héritage, mais point d'héritier. Quant à la Chambre Réformatrice, la question n'est plus de se demander si elle a mérité jamais cet éloge de la première heure, mais peut-être bien si elle n'a pas été au-dessous de l'injure dont la caractérisait le lendemain le désappointement de Gambetta. Assurément, d'un bout de la France à l'autre, les animaux malades sont traités avec plus de science et surtout plus d'esprit de suite que ne l'a été le pays pendant ces dernières années. Après tant de désillusions, le pays n'est peut-être pas encore complètement découragé ; il espère encore, du moins nous le croyons, dans la Chambre qui va naître. Mais est-il raisonnable de croire que si ce dernier espoir était trompé comme les autres, le pays prendrait aussi pacifiquement son parti de cette désillusion !

Après tant d'expériences vaines, la résignation ne serait plus seulement bête ; elle serait coupable.

Si nous habitions une île escarpée et sans bords, s'il nous était donné de vivre rien que pour nous, sans contact et sans conflit extérieur, il nous serait permis de procéder en paix à toutes les expérimentations qu'il plairait au plus endurci des utopistes. Nous en souffririons plus ou moins ; le jour où ces expériences aboutiraient, du moins serions-nous assurés de retrouver le |patient encore vivant, la Patrie intacte. Ce serait une simple question de plus ou moins de misères à endurer ; ce ne serait pas une question d'existence. En sommes-nous là, au lendemain de désastres, qui ont détruit l'équilibre européen et fait de l'Europe un camp où personne n'est assuré du lendemain même immédiat ? Le moment est-il bien choisi pour se livrer à de perpétuels remaniements de l'aménagement intérieur, quand la maison peut être assaillie d'un moment à l'autre ? Une politique de recueillement doit être la nôtre, soit ; mais un recueillement exclusivement employé à la reconstitution des forces qui nous ont trahis. Au lieu de cela, nous avons eu des gouvernants semblant avoir pris à tâche de diviser, de désorganiser, d'émietter. La Chambre a même assez vécu pour engendrer une loi militaire, heureusement pas définitive, sacrifiant la défense nationale à l'intérêt électoral.

Ce jeu là ne peut continuer plus longtemps sans danger pour la Patrie. C'est ainsi qu'Athènes servait de champ d'expériences aux Cléon sous l'œil bienveillant de Philippe. Que la République nous donne des hommes capables de comprendre la situation actuelle et de faire ce qu'elle commande. Sinon, il nous faudra choisir entre la République et la Patrie.

KERGALL.

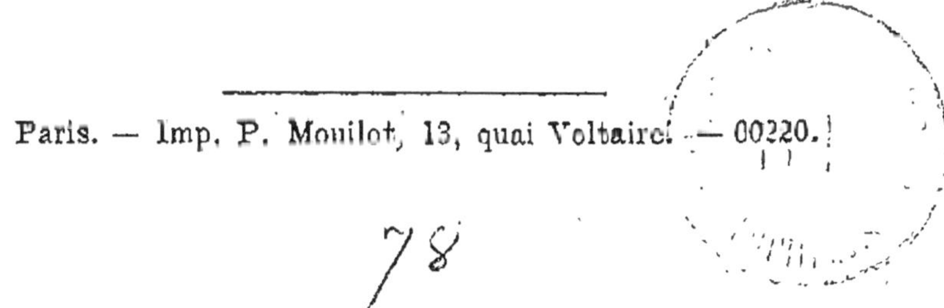

Paris. — Imp. P. Mouilot, 13, quai Voltaire. — 00220.

9 782011 785299